Globalizzazione, Macchine e Disoccupazione: gli Strumenti di Ricardo per Comprendere la Realtà Moderna

Globalizzazione, Macchine e Disoccupazione: gli Strumenti di Ricardo per Comprendere la Realtà Moderna

Il progresso tecnologico crea disoccupazione, la globalizzazione la trasferisce nei paesi meno sviluppati.

Giovanni Tumino

anno: 2016

Copyright © 2016 by Giovanni Tumino

All rights reserved. This book or any portion thereof may not be reproduced or used in any manner whatsoever without the express written permission of the publisher except for the use of brief quotations in a book review or scholarly journal.

First Printing: 2016

ISBN 978-1-326-86646-4

Editore: Giovanni Tumino
  via De Gasperi 2
  97100 Ragusa - Italy

contact: giovannitumino@libero.it

Indice

Introduzione..4

1. L'introduzione delle macchine nel processo produttivo..9
2. La conflittualità sulle macchine..........................20
3. Ricardo: l'idea originaria sulle macchine e la sua modifica..32
4. La prima causa di disoccupazione: la trasformazione del capitale circolante in capitale fisso..................37
5. La seconda causa di disoccupazione: il capitale fisso che consuma il capitale circolante......................44
6. Il riassorbimento dei lavoratori licenziati..................53
7. Allora le macchine creano disoccupazione?..................65
8. Globalizzazione uguale disoccupazione?..................75

Bibliografia..91

Introduzione

La rivoluzione industriale inglese non ha semplicemente modificato il modo di produzione dei beni, ma soprattutto ha determinato un nuovo assetto sociale e nuovi rapporti tra gli stati nazionali. Negli anni tra il 1780 e il 1840 si è passati da una società prevalentemente basata sulla proprietà terriera, ad una prevalentemente basata sul capitale. In tale processo di rapido cambiamento le macchine hanno avuto un ruolo determinante; il loro impiego, incrementando enormemente la produttività, ha reso disponibile una quantità di beni inimmaginabile per quel periodo. Ciò ha portato allo sviluppo della società in senso capitalistico ed ha gettato le basi per l'avvento della globalizzazione, aumentando sensibilmente, già a quel tempo, gli scambi commerciali fra gli stati nazionali.

La tematica delle macchine ai primi dell'800 era al centro di un aspro dibattito politico e sociale della società inglese; fin da subito si crearono due fazioni contrapposte: i favorevoli e i contrari. I favorevoli ritenevano che le macchine, grazie all'incremento della produttività, consentissero di aumentare la quantità di beni disponibili per la collettività, e quindi ciascun partecipante al processo produttivo avrebbe beneficiato di maggior reddito. I contrari ritenevano che le macchine, sostituendosi alla forza lavoro, espellessero i lavoratori dal ciclo produttivo e affamassero quelli che continuavano a lavorare, costringendoli ad accettare salari da fame.

I favorevoli si limitavano a propagandare le proprie idee, facendo pressione sui governanti per ottenere una legislazione favorevole e per abrogare le limitazioni imposte dalle corporazioni. I contrari, invece, diedero luogo a numerose proteste che spesso sfociavano in rivolte, sempre sedate nel sangue; si crearono movimenti di protesta (tra cui il luddismo), i cui aderenti più combattivi furono puniti con l'impiccagione, mentre tantissimi furono deportati in Australia. Per diversi anni l'Inghilterra fu ad un passo da una sanguinosa guerra civile, causata dalla forte conflittualità originata dall'introduzione delle macchine nel processo produttivo. Per tale motivo, prima di passare all'esposizione del pensiero di Ricardo sulle macchine e sul commercio internazionale, mi è sembrato utile procedere ad una veloce descrizione del periodo storico in cui furono introdotte le macchine, e dare conto, brevemente, anche della conflittualità sociale che determinarono. Solo così, ritengo, si potrà comprendere appieno l'importanza ed il clamore che suscitò la posizione sulle macchine del più importante ed autorevole economista del tempo.

Le riflessioni di Ricardo sugli effetti provocati dall'introduzione delle macchine nel processo produttivo sono state realizzate intorno al 1820 e sono state sempre considerate contraddittorie. Inizialmente egli si era mostrato assolutamente convinto che le macchine non creassero un eccesso di offerta di lavoro, quindi non mostrava di temere alcun aumento della disoccupazione dovuto al progresso tecnologico. Con la pubblicazione, nel 1821, della terza edizione dei suoi *Principles*, aggiungendo un capitolo sulle macchine, egli espone due esempi in cui la meccanizzazione crea disoccupazione nel breve periodo. Sebbene si fosse affrettato a prevedere degli effetti compensativi che avrebbero potuto, nel lungo periodo, assorbire la disoccupazione creata, non riuscì mai a quantificare tali effetti, lasciando, quindi, il dubbio che le macchine potessero creare disoccupazione.

Ritengo che etichettare Ricardo come favorevole o contrario alle macchine sia sterile e riduttivo. Proverò ad illustrare come il complesso delle sue intuizioni, lungi dall'essere contraddittorie, siano fondamentali per capire la moderna globalizzazione e i suoi effetti sull'occupazione. Per far questo metterò insieme le riflessioni di Ricardo sulle macchine con la sua teoria dei costi comparati. Tenterò di evidenziare come le macchine, e quindi il progresso tecnologico, a seguito degli scambi commerciali tra stati, determinino disoccupazione nei paesi arretrati tecnologicamente mentre aumentino l'occupazione in quelli più sviluppati. Se, dunque, il commercio internazionale trasferisce la disoccupazione dai paesi sviluppati tecnologicamente a quelli meno sviluppati, risulta chiaro come Ricardo, pur nella consapevolezza che il progresso tecnologico crei disoccupazione, si mostrò incondizionatamente favorevole all'introduzione di macchine sempre più efficienti nel processo produttivo.

1. L'introduzione delle macchine nel processo produttivo

È stato giustamente osservato che la rivoluzione industriale inglese ha rappresentato un periodo di rottura con il passato che non ha eguali nella storia dell'uomo. Da una economia agricola ed artigianale si è passati ad una economia prevalentemente industriale e manifatturiera, da una produzione destinata quasi esclusivamente ad un mercato locale o regionale ad una produzione destinata al mercato nazionale o internazionale. Ma, soprattutto, le nuove tecniche produttive hanno modificato i rapporti tra le classi sociali, ed hanno determinato la nascita di una nuova classe, il proletariato.

Fino alla metà del 1700 l'andamento della popolazione europea era stato caratterizzato da ritmi di crescita lenti; il tasso della natalità si era mantenuto di poco superiore a quello di mortalità, determinando una leggera cresita della popolazione. In certi limitati periodi di tempo, però, a causa di epidemie carestie e guerre, la mortalità aumentava vertiginosamente rispetto alla natalità, ciò causava una brusca riduzione della popolazione. Nel complesso, dunque, la popolazione rimase stabile per molti secoli.

Verso la metà del 1700 la popolazione europea iniziò a crescere a ritmi molto superiori rispetto al passato. Si stima che la popolazione fosse di 110-120 milioni all'inizio del 1700, di 120-140 milioni a metà del secolo e di 180-190 milioni all'inizio del 1800.

L'andamento della popolazione inglese seguì lo stesso trend di crescita di quella europea. Questo aumento fu reso possibile da una riduzione del tasso di mortalità dovuto ai miglioramenti in campo medico e, in misura minore, all'aumento della produzione agricola.

L'incremento della popolazione creò un abbondanza di offerta di lavoro che portò ad un movimento migratorio dalle campagne alle città, fornendo una abbondante offerta di lavoro. Per avere un idea basta ripercorrere l'evoluzione di Manchester: nel 1727 la città era stata definita solo come uno dei più grandi villaggi d'Inghilterra, nel 1773 il censimento cittadino contò 22.481 abitanti, nel 1790 la popolazione aumentò vertiginosamente raggiungendo i 50.000 abitanti e nel 1801 addirittura i 95.000.

Prima della rivoluzione industriale l'agricoltura e l'industria tessile erano state fortemente legate; nei periodi di sosta dal lavoro dei campi, le famiglie di agricoltori si dedicavano alla filatura (le donne) e alla tessitura (gli uomini). Intorno al 1750 iniziarono a diffondersi delle innovazioni nel ramo della tessitura che accelerarono tale operazione, di per sé già più veloce della filatura. Nel 1764 fu inventata una nuova macchina per filare il cotone (la jenny), che fu prodotta in due versioni: la più piccola, con 8-16 fusi, fu adottata dalle famiglie, quella più grande, fu impiantata nelle fabbriche e alla fine del secolo aveva 100-120 fusi. Il filo realizzato con la jenny era poco resistente, per cui poteva essere usato solo nella trama; tale inconveniente fu superato con l'invenzione del filatoio idraulico (1769) che produceva un filo tanto resistente da poter essere usato sia come trama che come ordito; questa macchina, funzionando con l'energia idraulica, fu utilizzata solo nelle fabbriche. Nel 1779 fu inventato il filatoio intermittente, o mule jenny, che produceva un filo resistente come quello del filatoio idraulico ma più liscio e sottile. Sul finire del secolo si realizzarono i primi telai meccanici, ma non ebbero immediata applicazione a causa della continua diminuzione dei salari dei tessitori che rendeva ancora competitivo l'uso del telaio manuale; fu dal 1810, dopo ripetuti perfezionamenti, che si diffusero su vasta scala[1].

La comparsa di queste invenzioni non fece scomparire l'attività di filatura e tessitura dalle case. Le jenny di piccole dimensioni furono acquistate da decine di migliaia di famiglie, mentre i telai manuali continuarono a funzionare fino alla metà del XIX secolo. Tuttavia il prodotto realizzato nelle fabbriche aveva qualità superiore

---
1 Per la loro velocità di diffusione si veda Baines (1835, p. 235-7).

e costi più bassi, questo fatto mise i lavoratori a domicilio in condizione di inferiorità. Infatti, quando le fabbriche non riuscivano a soddisfare l'intera domanda, i lavoratori a domicilio intercettavano alcune commesse o lavoravano come ditte sub-fornitrici[2]; ma, quando la domanda era interamente soddisfatta dalla produzione delle fabbriche, i lavoratori a domicilio erano costretti a restare inoperosi. In questo modo le fabbriche produssero sempre sfruttando al massimo la loro capacità produttiva, mentre le fluttuazioni di mercato furono interamente assorbite dai lavoratori a domicilio.

Per avere un'idea dell'enorme cambiamento apportato dall'uso delle macchine basta considerare il crollo del prezzo del filato di cotone n. 100^3 che passò dai 38 scellini per libbra del 1786 ai 2 scellini per libbra del 1832. Tale ribasso fu dovuto quasi totalmente alla introduzione delle macchine e solo in minima parte alla riduzione del prezzo del cotone grezzo.

---

2 La fabbrica forniva loro le materie prime (cotone grezzo per i filatori, filato per i tessitori) e ritirava i prodotti finiti (rispettivamente filati e tessuti).
3 Baines, 1835.

Per quel che riguarda la tessitura: nel 1823 la produttività di un ragazzo di 15 anni che lavorava a un telaio meccanico era 3,5 volte superiore di quella di un tessitore di 25-30 anni che lavorava a un telaio manuale, nel 1826 tale rapporto passò a 6^4; per cui 17 ragazzi ormai svolgevano il lavoro di 100 uomini e a ciò bisogna aggiungere che la paga di un ragazzo era di molto inferiore rispetto a quella di un adulto.

Un altro settore, che in quel periodo fu attraversato da profondi cambiamenti, fu il settore siderurgico. Agli inizi del XVIII secolo l'acciaio inglese era di qualità scadente ed era ottenuto mediante notevole consumo di carbone di legna, la cui disponibilità diminuiva velocemente. Per tutto il secolo si succedettero una serie di innovazioni[5] che portarono l'acciaio inglese a

---
4 Baines,1835.
5 Nel 1709 Darby usò per la prima volta il coke come combustibile, ma tale procedimento presentava due inconvenienti: si otteneva una ghisa di qualità inferiore e occorreva convogliare una maggiore corrente d'aria nell'altoforno poiché il coke ha una combustione più lenta rispetto al carbone di legna. Il secondo inconveniente fu superato grazie all'utilizzo della macchina a vapore di Watt (inventata nel 1775) per azionare i mantici. Il primo inconveniente fu superato da Cort (nel 1783-4), che con il suo metodo di puddellaggio (fusione e rimescolamento) ottenne una ghisa di ottima qualità e velocizzò il processo accorpando una serie di operazioni prima svolte separatamente.

primeggiare per qualità e costi; a fine secolo l'acciaio inglese costava 20-28 sterline per tonnellata contro le 35-40 sterline di quello svedese. Mentre nel tessile, però, le innovazioni avevano risparmiato lavoro; nel settore siderurgico si risparmiò in materie prime (ferro e carbone), ciò determinò un abbassamento dei costi in misura molto inferiore rispetto al settore tessile, basti confrontare la diminuzione del filato n. 100 con la riduzione del prezzo dell'acciaio,

Avvalendoci delle testimonianze del tempo si può cercare di ricostruire il costo degli investimenti in capitale fisso[6]. In base alle valutazioni di McCulloch (1844, pp.434-5), riguardanti l'industria del cotone, nel 1834, quando la meccanizzazione in tale settore era già consolidata, risultavano investiti 20 milioni di sterline ed erano occupati 800.000 lavoratori; l'investimento per occupato era di 25 sterline, che, in base ai dati raccolti da

---

6 È bene precisare che i dati aggregati per le prime fasi dell'industrializzazione sono inesistenti, si hanno solo testimonianze riguardanti singole imprese; a partire dal XIX secolo cominciano ad esserci i primi dati aggregati che, comunque, non consentono accurate verifiche.

Bowley(1900, p.117), corrispondevano alla salario ricevuto da un filatore per 4 mesi di lavoro.

Come si può notare le innovazioni tecnologiche furono introdotte nel processo produttivo con un esborso limitato di capitale; tuttavia pare senza dubbio eccessiva l'affermazione di Ashton: "In molte industrie il capitale fisso necessario non era superiore a quello che un artigiano o anche un semplice operaio poteva mettere sù coi propri guadagni" (Ashton, 1948, p.125). Ritengo che, con i bassi salari dell'epoca, non doveva certo essere semplice risparmiare; inoltre una fabbrica per essere tale doveva occupare parecchi operai[7], per cui l'investimento era considerevole: già solo 1000 sterline, l'equivalente di capitale fisso investito in una fabbrica di soli 40 operai, rappresentavano il salario di 6 anni e 8 mesi di lavoro di un filatore.

La rapida diffusione delle macchine fu originata, oltre che dal loro relativamente basso costo, dalla loro capacità di far realizzare elevati profitti, cosa che

---
[7] Mantoux (1971, p.290) riferisce che le prime filande avevano già da 150 a 600 operai.

permetteva di recuperare il capitale investito nel giro di pochissimi anni. Mancando i dati aggregati, non è possibile determinare con certezza un saggio di profitto medio per i settori teatro della rivoluzione industriale. Tuttavia ci sono parecchie testimonianze che ci posso dare una indicazione approssimata; ad esempio McCulloch (1839, p.658), per il settore tessile, stima un profitto del 18%.

Un breve sguardo all'andamento del commercio inglese negli anni della rivoluzione industriale ci può aiutare a capire come, già allora, le interrelazioni tra i vari stati era forti e come, le innovazioni introdotte in territorio inglese determinarono conseguenze in tutta Europa. Fin dall'era pre-industriale il commercio estero inglese era stato costituito da: importazioni, esportazioni e riesportazioni. La fiorente attività commerciale fu determinante per lo sviluppo della produzione nazionale: le numerose relazioni commerciali, allacciate in tutto il mondo, resero possibile rifornirsi di materie prime a prezzi convenienti e vendere all'estero la produzione non assorbita dal mercato interno. Tra il 1700 e il 1780 le importazioni e le esportazioni crebbero in maniera lenta e costante; a partire dal 1780 la crescita si fece sempre più rapida.

Da uno studio di Bairoch[8], si evidenzia che le esportazioni passarono da 10 milioni di sterline del 1770 a ben 127 milioni del 1860.

Anche la composizione delle merci esportate risultò notevolmente modificata. I tessuti di lana che nel 1700 costituivano l'85% del totale delle esportazioni, nel 1835 scesero al 26%; mentre i tessuti di cotone che nel 1700 costituivano l'11% delle importazioni, nel 1835 non solo non erano più importati ma rappresentavano addirittura il 40% delle esportazioni. Un andamento simile, anche se molto meno marcato, ebbero i manufatti metallici, che negli stessi anni passarono da una quota delle esportazioni del 3% a una del 13%.

---

8 Bairoch, 1967, p. 279.

L'evoluzione del commercio con l'estero, per quantità e, soprattutto, per tipologia di prodotti esportati, testimonia due cose importanti:

a) la domanda interna inglese non riusciva ad assorbire l'aumento di produttività originato dal progresso tecnologico,

b) le merci inglesi invasero i mercati dei paesi con cui avevano rapporti commerciali, determinando un calo della produzione indigena, con conseguente creazione di disoccupazione nei paesi importatori.

2. La conflittualità sulle macchine

Fin dalla loro prima introduzione, avvenuta verso la metà del XVIII secolo, le macchine furono accolte con paura e antipatia da larghi strati della popolazione inglese. I piccoli agricoltori, videro svanire la possibilità di integrare il loro reddito agricolo con quello derivante dallo svolgimento di alcune attività tessili. Gli operai delle fabbriche, dal canto loro, furono costretti a lunghi orari di lavoro e a bassi salari, a causa della loro scarsa forza contrattuale e dell'elevata crescita demografica che rese l'offerta di lavoro eccedente rispetto alla domanda. Le loro richieste, avanzate nei confronti degli industriali e del potere politico fin dalla seconda metà del XVIII secolo, assunsero varie forme: dalle petizioni avanzate al parlamento, alle manifestazioni di piazza che a volte si conclusero con la distruzione delle fabbriche. I motivi del contendere erano molteplici: adeguamenti salariali al livello dei prezzi dei beni di prima necessità, salario minimo, riduzione dell'orario di lavoro, garanzie contro i soprusi dei datori di lavoro, miglioramento delle condizioni dei bambini-lavoratori, misure contro la disoccupazione provocata dalle macchine. Tutte queste richieste furono disattese, anzi governo e parlamento adottarono misure[9] che resero ancora più difficoltoso portare avanti queste rivendicazioni.

Questa linea politica intransigente e repressiva fu possibile in quanto i proprietari terrieri, su queste questioni, si schierarono in modo incondizionato con gli industriali, poiché temevano che, se i lavoratori l'avessero spuntata, in futuro avrebbero chiesto ancora di più e presto si sarebbe corso il rischio di un sovvertimento dell'ordine sociale. Le analisi "ufficiali" del tempo attribuirono le cause delle sofferenze dei lavoratori o a situazioni contingenti (carestie, crisi del commercio

---

9 Fin dall'inizio del XVIII il parlamento aveva votato leggi che vietavano agli operai di certi settori di coalizzarsi, nel 1769 fu decretata la pena di morte per chi distruggeva le fabbriche, nel 1799 fu approvata una legge che proibiva agli operai di qualsiasi settore e specializzazione di riunirsi al fine di portare avanti qualunque tipo di rivendicazione su salari e orario di lavoro, dopo i fatti di Peterloo (1816) si approvarono le leggi bavaglio che limitarono ulteriormente la possibilità di raduni pubblici e ridussero fortemente la libertà di stampa.

estero, momentanea saturazione dei mercati) o a crudeli leggi della natura (la legge sulla popolazione di Malthus[10]); inoltre si portò avanti l'idea della inevitabilità del progresso tecnico e dell'espansione della meccanizzazione, adducendo motivazione riguardanti la competitività internazionale[11]. In questo modo si tentò di togliere ogni fondamento razionale alle rivendicazioni dei lavoratori. Fu solo con Malthus (1820) e, soprattutto, con Ricardo (1821) che in Inghilterra si introdussero nel dibattito economico e politico le prime riflessioni critiche sugli effetti delle macchine.

Inizialmente le proteste degli operai assunsero un carattere locale e spontaneo. La formazione di fabbriche con centinaia di operai era un fenomeno nuovo, non è

---

10 In base a tale legge gli appartenenti alle classi più povere sono sempre destinati a vivere tra gli stenti, dato che appena hanno una disponibilità di reddito superiore a quella necessaria per la mera sussistenza, decidono di avere più figli, riportando il loro reddito pro-capite al livello di sussistenza.

11In una risoluzione del 1779 i giudici di pace di Preston, tra le altre cose, scrissero: "L'invenzione delle macchine è stato un beneficio per il paese. Sopprimerle in una contea, vorrebbe dire spostarle in un'altra, e se fosse decretata una proibizione generale il tutta la Gran Bretagna, ciò non potrebbe servire che ad affrettare la loro adozione nei paesi stranieri con grave danno all'industria inglese." Cit. in Mantoux (1971, p. 473).

quindi strano che per diversi decenni gli operai stentarono ad assumere una condotta comune e su larga scala. Inoltre una parte consistente degli operai era rappresentata da bambini, che per la giovane età e per le condizioni di estrema povertà[12], erano totalmente incapaci di portare avanti richieste volte a migliorare le loro stesse condizioni.

A partire dalla metà del XVIII secolo si verificarono i primi scioperi tumultuosi che, come era accaduto spesso nell'era preindustriale, si conclusero con la distruzione dei posti di lavoro. Per combattere questo fenomeno fu emanata, nel 1769, una legge specifica che prevedeva la pena di morte per chi, da solo o in gruppo, distruggeva edifici in cui vi erano delle macchine; ma gli scioperi tumultuosi continuarono e, anzi, diventarono sempre più frequenti. Nel 1779 Wedgwood, uno dei pochi industriali che si preoccupò delle gravose condizioni in cui versavano i lavoratori, riferisce di un tumulto durato

---

[12] La condizione dei bambini affidati alle parrocchie era la peggiore; il loro sostentamento era a carico delle parrocchie, le quali erano ben liete di affidarli agli industriali, che, spesso in cambio di solo vitto e alloggio, reclutavano operai per le loro fabbriche a buon mercato. Cfr. Mantoux 1971, pp.476-7.

alcuni giorni, in cui 800 uomini distrussero delle fabbriche nel Lancashire; nell'assalto a una di queste, due operai furono uccisi da coloro che vi si erano asserragliati per difenderla. Con l'arrivo dell'esercito gli operai vennero dispersi, alcuni furono arrestati e successivamente condannati a morte[13]. Sempre nel 1779 i filatori manuali presentarono una petizione, allo scopo di rendere illegale l'uso dei filatoi meccanici[14]; ma la commissione incaricata respinse tutte le loro richieste.

Nel 1794, mentre gli episodi di distruzione delle fabbriche continuavano a verificarsi, i pettinatori della lana si fecero promotori di un'altra petizione, in cui, tra le altre cose si affermava che: «Le ragioni invocate a sostegno delle macchine in uso nelle altre industrie, quali quelle del cotone, della seta, della tela, ecc., non valgono per l'industria della lana; poiché quelle possono procurarsi le materie prime in quantità pressoché

---

[13] Si vedano al riguardo le lettere di Wedgwood a Th. Bentley del 3 ottobre 1779 e del 9 ottobre 1779, custodite presso il Wedgwood Museum, Stoke on Trent; citate in Mantoux, (1971, pp.471-2).
[14] I filatori fecero riferimento alla legge del 1552 che aveva vietato l'uso delle macchine nella garzatura (operazione che serviva a eliminare i nodi rimasti nella trama del tessuto

illimitate, ciò che consente loro di svilupparsi e di impiegare un numero di persone uguale o superiore; mentre questa non dispone che di quantità limitata di materia prima, sufficiente appena a dar lavoro agli operai di questa industria, senza introdurre nessuna modificazione nei procedimenti tradizionali.»[15] Tale petizione fu inizialmente accolta con favore, ma gli industriali presentarono immediatamente una loro petizione nella quale, riferendosi alla crescita che si era verificata nell'industria del cotone, affermavano che se si fosse lasciato libero di crescere anche il settore della lana ci sarebbe stata una prosperità pari a quella raggiunta nel settore del cotone. Nella stessa petizione, riprendendo l'insegnamento di Smith, si diceva anche che: «ognuno è il migliore giudice del proprio interesse e che dalla ricerca libera e ben indirizzata dell'interesse individuale è risultato, e risulterà sempre il maggior vantaggio per la nazione»[16].

---

15 Journal of the House of Commons, XXIV p.21; citato in Mantoux (1971, p. 500 nota 31).

Il fenomeno della distruzione delle fabbriche ebbe una accentuazione nel 1811 e nel 1812 con il movimento luddista[17]. Tale movimento, come ha evidenziato Nuvolari (2000, p.38), fu il frutto del disinteresse del parlamento dell'epoca riguardo alle estreme condizioni di vita cui erano costretti gli operai. Proprio perché il luddismo nasce come moto di protesta per la difficile situazione economica e sociale, non si deve ritenere che tale movimento fu aprioristicamente contrario ad ogni tipo di macchina. Come ha evidenziato Sale «i luddisti non si opponevano genericamente alle macchine [...] ma soltanto a quelli macchine che danneggiavano la gente comune» (Sale, 1999, p.33). Le loro distruzioni erano sempre mirate e riguardavano solo certi tipi di macchine; ad essere distrutti erano i grandi telai meccanici che si trovavano nelle fabbriche, mentre non furono mai attaccati i cottage dove erano installati i telai meccanici di piccole dimensioni.

---

16 Journal of the House of Commons, XLIX p.545; citato in Mantoux (1971, p. 500 nota 31).
17 Diversi storici mostrano dei dubbi sulla reale esistenza di Ned Ludd, per tutti si veda Barone (1910, p.26).

La protesta del movimento luddista non era rivolta soltanto contro l'uso delle macchine che provocavano disoccupazione, ma anche contro le immense fortune che gli industriali avevano accumulato, grazie agli estenuanti orari di lavoro imposti ai loro operai e grazie alla vantaggiosa ripartizione del prodotto tra salari e profitti. Anche se il movimento non ebbe una omogenea diffusione tra i lavoratori (i suoi componenti erano essenzialmente artigiani e operai specializzati), le sue azioni godettero sempre della solidarietà della maggior parte della comunità. Proprio a causa di tale solidarietà, il governo incontrò notevoli difficoltà nell'individuare gli appartenenti al movimento e fu costretto a schierare una ingente forza militare, composta da 14.400 soldati regolari (con reparti di cavalleria ed artiglieria) e da una milizia volontaria comprendente 20.000 civili.

Alla fine, quando le rivolte furono sedate nel sangue e con il ricorso alla giustizia sommaria, il movimento si trovò con una base limitata e si spense. Tuttavia, come ha osservato Bergier (1971), il luddismo, per le rivendicazioni che portò avanti, può essere considerato come una sorta di precursore del sindacato.

I tumulti luddisti erano la dimostrazione che il malcontento sociale stava aumentando sempre di più, tuttavia il governo e gli industriali non fecero nessuna concessione, ma anzi aumentarono la repressione. Nell'agosto del 1816 migliaia di operai di Manchester si radunarono pacificamente in St. Peter's Field per ascoltare un oratore di nome Hunt. I magistrati, temendo una sommossa, fecero ricorso all'esercito regolare per disperdere la folla, nello scontro morirono 11 persone e più di 400 furono ferite. Sebbene l'incidente di St. Peter's Field, che fu ricordato col nome di Peterloo (per ricordare la sanguinosa battaglia di Waterloo), avesse scosso profondamente l'opinione pubblica, il governo si congratulò con i magistrati responsabili e rimosse il governatore del West Riding perché aveva criticato l'operato delle autorità[18].

---
18 Cfr. Briggs 1959, pp. 238-9.

Il comportamento tenuto dal governo in questa circostanza fa capire quanto era forte la coesione in questo campo dei vari gruppi di interessi che detenevano il potere politico e quanta poca tolleranza ci fosse verso quelli che mostravano di non condividere *in toto* le posizioni ufficiali. Solo considerando questo clima di forte contrapposizione sociale (ai limiti della guerra civile) e di totale disconoscimento, da parte delle autorità politiche e culturali, delle proteste dei lavoratori, si può capire il coraggio di Ricardo (universalmente riconosciuto come la massima autorità del tempo in campo economico) nel cambiare la sua opinione sugli effetti provocati dalle macchine[19].

Dopo Peterloo il governo continuò con la linea dura, aumentando di 10.000 uomini l'esercito e promulgando "le legge bavaglio" che limitavano il diritto di tenere raduni pubblici e riducevano notevolmente la libertà di stampa.

---
19 Infatti, come vedremo nel prossimo paragrafo, Ricardo passò, con la pubblicazione della terza edizione dei *Principi*, da una posizione totalmente favorevole alle macchine ad una molto più critica, con la specifica previsione di casi in cui le macchine determinano certamente disoccupazione.

La situazione, sebbene vicina alla guerra civile, non precipitò. Secondo quanto riferisce Briggs, nel 1820 le condizioni dei lavoratori migliorarono grazie a un aumento dei prezzi che fece aumentare la produzione e ridusse la disoccupazione[20], inoltre il governo aumentò le risorse finanziarie destinate alla carità verso i più poveri. Nel 1824 il governo fece una prima concessione, abrogando le leggi del 1799 che negavano il diritto di associazione ai lavoratori, ciò determinò la nascita di nuove associazioni di lavoratori e l'emersione di quelle che, formatesi in precedenza, erano state costrette a restare segrete. All'inizio del 1832 Owen tentò di creare una confederazione di sindacati che portasse avanti in modo unitario quelle rivendicazioni che erano comuni ad ogni categoria di lavoratori, ma già a fine anno la confederazione si sciolse a causa delle forti ostilità delle associazioni degli industriali e delle poche risorse finanziarie a disposizione. La prima lotta portata avanti da

---

20 Cfr. Briggs 1959, p.239.

tutti i lavoratori, in modo unitario, si concretizzò nel cartismo, con la pubblicazione della Carta nel 1838.

3. Ricardo: l'idea originaria sulle macchine e la sua modifica

Per capire se realmente Ricardo ritenesse possibile la disoccupazione tecnologica è di grande utilità analizzare la prima parte del capitolo "Delle macchine" della terza edizione dei suoi *Principi*, nella quale egli dichiara il suo cambiamento di opinione «circa l'influenza delle macchine sugli interessi delle diverse classi della società» (Ricardo, 1821a, p.294). Ricardo stesso dice che: «le mie opinioni su questa questione […] hanno subito un considerevole cambiamento» e subito dopo aggiunge: «ho dato appoggio a dottrine che ora considero erronee» (Ricardo, 1821a, p.294).

La posizione originaria sugli effetti della macchine è esposta chiaramente: «sono stato dell'avviso che l'applicazione delle macchine che avessero l'effetto di risparmiare lavoro a un qualsiasi ramo di produzione fosse un bene per tutti» (Ricardo, 1821a, p.294). I proprietari terrieri, ricevendo la stessa rendita in denaro, «si sarebbero avvantaggiati della riduzione nei prezzi delle merci» (Ricardo, 1821a, p.294). I capitalisti, ricevendo gli stessi profitti monetari avrebbero goduto dello stesso vantaggio, inoltre chi avesse fatto l'invenzione o l'avesse utilizzata per primo: «verrebbe a godere di un vantaggio supplementare, realizzando per un certo tempo ingenti profitti» (Ricardo, 1821a, p.294). Per quel che riguarda i lavoratori: «Anche la classe dei lavoratori, pensavo, verrebbe ugualmente avvantaggiata dall'impiego delle macchine, poiché con gli stessi salari avrebbe i mezzi per comprare più merci» (Ricardo, 1821a, p.295).

Finito di esporre la sua antica posizione Ricardo afferma: «Queste erano le mie opinioni, ed esse continuano inalterate per quanto riguarda il proprietario terriero e il capitalista; ma sono convinto che la sostituzione delle macchine al lavoro umano sia spesso assai dannosa agli interessi della classe dei lavoratori» (Ricardo, 1821a, p.295).

Per renderci ulteriormente conto dell'importanza e radicalità del cambiamento possiamo confrontare due passi di due differenti discorsi parlamentari. Nel primo, tenuto nel Dicembre 1819, si afferma «It could not be denied, on the whole view of the subject, that machinery did not lessen the demand of labour» (Ricardo, 1819, p.30). Nel secondo, tenuto nel Maggio 1823, invece si afferma che: «it was evident, that the extensive use of machinery, by throwing a large portion of labour into the market, while, on the other hand, there might not be a corresponding increase of demand for it, must, in some degree, operate prejudicially to the working classes.» (Ricardo, 1823, p.303).

Sraffa[21] colloca tale cambiamento tra il 19 Novembre 1820, data di una lettera a Malthus in cui Ricardo riafferma il suo primitivo convincimento (Ricardo, 1820b, p.311), e il 12 Marzo 1821, data di una lettera di Malthus a Sismondi in cui si dice che Ricardo ha cambiato opinione sugli effetti delle macchine sulla classe

---

21 Sraffa, 1986, p.195.

lavoratrice e che adesso ritiene che le macchine provochino loro danno in modo permanente (Malthus, 1821b, p.377).

Ecco come Ricardo spiega il suo errore: «Il mio errore nasceva dal supporre che ogni qual volta il reddito netto di una società aumenta, aumenta il suo redditi lordo[22]; ora però ho ragione di ritenere che il fondo da cui i proprietari terrieri e i capitalisti traggono il loro reddito [il reddito netto] può aumentare mentre l'altro fondo [il reddito lordo], da cui soprattutto dipende la classe lavoratrice, può diminuire» (Ricardo, 1821a, p.295). La diminuzione del reddito lordo, senza che diminuisca il reddito netto, è possibile perché le macchine (capitale fisso) hanno un costo di esercizio (in termini di capitale circolante) inferiore a quello dei lavoratori[23]; per cui, pur

---

22 Il reddito lordo è la produzione complessiva, il reddito netto è la parte di reddito lordo che va ai capitalisti e ai proprietari terrieri sotto forma di profitti e rendite.
23 Tale concetto è stato esposto da Ricardo tramite un esempio: immaginiamo un manifattore che dalla sua attività ottiene un reddito lordo di £ 20.000, di cui £ 18.000 rappresentano la remunerazione dei lavoratori e £ 2.000 i profitti. In conseguenza dell'introduzione di una macchina, e con lo stesso capitale investito, il manifattore vende una quantità inferiore a un prezzo inferiore (sono diminuiti i costi di produzione) e ottiene solo £ 3.000 di reddito netto, ma poiché per remunerare i lavoratori gli bastano £ 750 (molti lavoratori sono stati sostituiti

con un reddito lordo diminuito i capitalisti ottengono un maggiore reddito netto.

---

nelle loro mansioni dalla macchina) i suoi profitti salgono a £ 2250. (Ricardo, 1821c, pp. 388-9).

4. La prima causa di disoccupazione: la trasformazione del capitale circolante in capitale fisso

Secondo Ricardo l'introduzione della macchina «può aumentare il reddito netto del paese, può nello stesso tempo rendere esuberante la popolazione e peggiorare le condizioni dei lavoratori.» (Ricardo 1821a, pp.295-6). Per spiegare come ciò si può verificare Ricardo fornisce un esempio numerico[24], immaginando un capitalista che produce beni di prima necessità impiegando un capitale complessivo di 20.000 l., di cui 7.000 l. sono costituite da capitale fisso e 13.000 l. da capitale circolante per il mantenimento dei lavoratori. All'inizio dell'anno il capitalista si deve trovare in possesso di beni di prima necessità, per un valore di 13.000 l., che nel corso dell'anno utilizzerà per corrispondere i salari ai lavoratori da lui occupati. Alla fine dell'anno il valore della

---

24 Cfr. Ricardo 1821a, pp.296-7.

produzione sarà pari al capitale circolante anticipato più i profitti, supposti al 10%, sul capitale complessivo (fisso + circolante); per cui il prodotto lordo sarà pari a 15.000 l., di cui 2.000 l. rappresentano il profitto, o reddito netto, che va al capitalista.

All'inizio del secondo anno il capitalista decide di impiegare lo stesso capitale dell'anno precedente (7.000 l. fisso e 13.000 l. circolante) ma di destinare la metà dei suoi lavoratori alla produzione di una macchina, mentre l'altra metà continua a produrre beni di prima necessità. Alla fine dell'anno la produzione lorda avrà ancora il valore di 15.000 l., dato che si è impiegato lo stesso capitale dell'anno precedente; ma questa volta la produzione lorda sarà costituita da 7.500 l. di beni di prima necessità e da 7.500 l. della macchina (capitale fisso). È bene evidenziare che i beni di prima necessità prodotti sono esattamente la metà di quelli prodotti l'anno precedente, non solo in valore ma anche in quantità[25]. Il capitalista, dopo aver detratto dall'ammontare dei beni di

---

25 Infatti nei due anni si è usata la stessa tecnica produttiva.

sussistenza la sua quota di profitto, pari a 2.000 l., si troverà ad affrontare la produzione del terzo anno con un capitale circolante di 5.500 l. e un capitale fisso di 14.500 l. (7.000 l. degli anni precedenti + 7.500 l. la nuova macchina prodotta il secondo anno); proprio perché adesso il capitale circolante a sua disposizione è passato da 13.000 l. a 5.500 l. egli, per l'anno successivo, potrà impiegare un minor numero di lavoratori, ed esattamente solo il 42,3% dei lavoratori occupati l'anno precedente. La produzione dei beni di prima necessità del quarto anno, in base alla teoria del valore-lavoro, sarà di 7.500 l., essendo stato impiegato un capitale circolante di 5.500 l. ed essendo il profitto ancora di 2.000 l..

Dopo aver fatto questo esempio Ricardo ne fa un altro, per chiarire che non ha alcuna importanza il settore in cui la macchina è prodotta. In questo nuovo esempio si ipotizza una manifattura di stoffa e si riprendono esattamente le grandezze e il modo di produzione della macchina dell'esempio precedente. Anche in questo settore, nel primo anno di utilizzo della macchina, si impiegano il 42,3% dei lavoratori precedentemente occupati e, anche in questo caso, il prodotto lordo passerà da 15.000 l. a 7.500 l.. Poiché la domanda di stoffa non è calata[26], ma è invece calata la domanda di beni di sussistenza[27], si verificherà uno spostamento di capitale dal settore dei beni di sussistenza a quello dei beni di lusso[28]: «affinché la merce effettivamente richiesta potesse venir fornita; e quella per cui nessuno avesse i mezzi di pagare o per cui non vi fosse alcuna domanda potrebbe cessare di venir prodotta.» (Ricardo, 1821a, p.298).

Ricardo ha fatto l'esempio della manifattura di stoffa proprio per chiarire che «il risultato non cambierebbe se supponessimo che la macchina venisse

---

26 Infatti tale domanda è alimentata dai capitalisti, i quali, in conseguenza dell'introduzione della macchina, non vedono certo diminuire il loro reddito netto.
27 Il 57,7% dei lavoratori, che lavoravano nella manifattura che ha introdotto la macchina, sono ora senza salario, quindi non hanno i mezzi per domandare tali beni.
28 Che la stoffa a quei tempi non fosse considerato un bene-salario lo si evince dalle condizioni di vita della classe operaia del tempo. Del resto Ricardo fa risalire la domanda di stoffa ai soli capitalisti: «Ma da chi verrebbe richiesta la stoffa? Dagli agricoltori e dagli altri produttori di beni di prima necessità, che impiegano i loro capitali nella produzione di questi beni come mezzi per ottenere stoffa» (Ricardo, 1821a, p.298).

impiegata nell'attività di una qualsiasi manifattura» (Ricardo, 1821a, pp.297-8) e termina l'esempio riferito alla manifattura di stoffa dicendo: «Questo, quindi, ci porta al medesimo risultato; la domanda di lavoro diminuirebbe, e le merci necessarie al mantenimento del lavoro non verrebbero prodotte con la stessa abbondanza» (Ricardo, 1921a, p.298).

Con questi esempi numerici si chiarisce che, ogni volta che l'introduzione delle macchine è realizzata a spese del capitale circolante, si crea disoccupazione, a prescindere dal settore in cui ciò si realizza. L'entità di tale disoccupazione non dipende dall'aumento della produttività apportata dalla nuova macchina[29], ma da quanto costa, in termini di capitale circolante, la sua introduzione.

Sebbene Ricardo, con questi esempi, abbia dimostrato che l'introduzione di nuove macchine nel processo produttivo può creare disoccupazione, egli ipotizza anche l'innesco di meccanismi compensativi che,

---

[29] Anzi, quanto più è grande tale aumento e tanto più consistente sarà l'effetto compensativo che permette la riassunzione dei lavoratori espulsi.

nel tempo, riassorbono progressivamente, una parte o tutti, i lavoratori eccedenti. Ma a questo punto c'è da chiedersi: come fanno i lavoratori licenziati a vivere per tutto il tempo che intercorre tra il licenziamento e la loro riassunzione?

Nei due esempi è previsto, inequivocabilmente, un calo della produzione dei beni di sussistenza[30]; per cui i lavoratori licenziati sarebbero destinati a morire di fame. Per non arrivare a tanto, si potrebbe pensare che i lavoratori licenziati potrebbero essere salvati dalla solidarietà sociale. In questo caso, però, le condizioni della collettività, quindi anche dei lavoratori che non hanno perso il loro posto di lavoro, subirebbero un peggioramento in quanto una parte del reddito dovrebbe essere destinato al mantenimento dei disoccupati. Non è un caso che Ricardo negli esempi, non solo suppone che l'intera popolazione possa continuare a vivere con meno

---

30 Nell'esempio riguardante i beni di prima necessità si dice: «Durante la costruzione della macchina, si otterrebbe sola la metà della consueta quantità di viveri e di beni di prima necessità» (Ricardo, 1821a, p.296). Mentre nell'esempio riguardante la stoffa si afferma: «le merci necessarie al mantenimento del lavoro non verrebbero prodotte con la stessa abbondanza» (Ricardo, 1821a, p.298).

beni di sussistenza rispetto a prima, ma, soprattutto, che tutti i lavoratori licenziati, pur senza salario, siano comunque in grado di procurarsi una quantità di beni di sussistenza tale da consentire loro la sopravvivenza fino alla loro riassunzione; ed è bene ricordare che la riassunzione, per alcuni di loro, potrebbe verificarsi solo dopo alcuni anni.

5. La seconda causa di disoccupazione: il capitale fisso che consuma il capitale circolante

Ricardo evidenzia che si può verificare un caso in cui: «un aumento del reddito netto di un paese, e persino del suo reddito lordo, si accompagni a una diminuzione della domanda di lavoro» (Ricardo, 1821a, pp.300-1). Anche in questo caso, per spiegare il principio, viene utilizzato un esempio, immaginando un fondo coltivato da cento uomini, retribuiti con una certa quantità di viveri. Poi si considera la possibilità che si possa coltivare lo stesso fondo utilizzando cinquanta uomini più un certo numero di cavalli, che vengono mantenuti con i viveri destinati a cinquanta uomini. Quest'ultimo modo di coltivazione sarà preferito se si ottiene un prodotto lordo, al netto dell'interesse sul capitale utilizzato per l'acquisto dei cavalli, maggiore di quello ottenuto impiegando soltanto lavoratori; se ciò si verifica, il 50% della forza lavoro sarà licenziato.

Questo caso era già stato sviluppato, per buona parte, nelle *Notes on Malthus*; del resto in quel periodo si discuteva se fosse più conveniente utilizzare metodi di coltivazione *labour intensive* oppure *capital intensive*[31]. In un passo dei suoi *Principi* Malthus aveva detto che, in agricoltura, l'eliminazione del capitale fisso, rappresentato dai cavalli, avrebbe portato all'abbandono di alcune terre coltivate, con conseguente riduzione sia della domanda di lavoro che della popolazione[32]. Nella Nota 151 Ricardo critica il nesso di causalità stabilito, da Malthus, tra calo della produzione agricola e diminuzione della domanda di lavoro. Mediante un esempio egli dimostra che con la sostituzione degli uomini ai cavalli si otterrà una produzione di certo inferiore, ma, poiché

---

31 Secondo l'idea portata avanti da Owen, l'agricoltura con la vanga, in sostituzione di quella che adoperava gli animali da lavoro, garantiva una produzione superiore sia per qualità che per resa. Ricardo, dichiarando la sua scarsa competenza in materia, si mostrò favorevole all'agricoltura con la vanga, a patto che i benefici affermati dagli owenisti fossero verificati nella pratica. Cfr. Berg, 1980, p.102.
32 Cfr, Malthus, 1820, pp.208-9.

l'intera quantità prodotta viene consumata solo dai lavoratori, si avrà una maggiore domanda di lavoro[33].

Tuttavia la Nota 153 appare ancora più interessante; in essa vi viene anticipato, anche se non esattamente, l'esempio poi riproposto nel capitolo XXXI. Nel passo di Malthus, cui la nota fa riferimento, si dice che, impiegando con gradualità una quantità sempre maggiore di capitale fisso, si aumenterebbe un aumento della produzione agricola, con conseguente aumento della domanda di lavoro[34]. Sebbene nel passo Malthus parli genericamente di capitale fisso, Ricardo, nella nota, obbietta: «Potrebbe darsi che si riuscisse a fare tutto il lavoro svolto dall'uomo con l'impiego dei cavalli, in tal caso l'introduzione dei cavalli, anche se accompagnata da un aumento della produzione, sarebbe vantaggiosa per la classe lavoratrice, o non provocherebbe piuttosto una riduzione assai sensibile della domanda di lavoro?» (Ricardo, 1820a, p.264).

---

33 Cfr. Ricardo, 1820a, pp.262-3.
34 Cfr, Malthus, 1820, p.209.

L'esempio dei cavalli differisce dall'esempio precedente sulla trasformazione del capitale circolante in capitale fisso in due punti, entrambi molto importanti. In primo luogo si supera la "singolarità" del calo della produzione dovuto all'introduzione della macchina nel processo produttivo. Sostituendo i cavalli agli uomini, infatti, non solo si realizza un aumento di prodotto, ma questo aumento è tale da coprire gli interessi passivi sul capitale usato per acquistare i cavalli.

Proprio l'esistenza degli interessi passivi ci porta alla seconda importante differenza. Abbiamo visto che l'introduzione della macchina provoca disoccupazione se determina una trasformazione del capitale da circolante a fisso, mentre vedremo che la stessa macchina non provoca disoccupazione se la sua introduzione è finanziata con capitale precedentemente accumulato. La previsione degli interessi passivi, inserita nell'esempio sui cavalli, supera questa distinzione in merito a come viene introdotta la macchina nel processo produttivo; infatti, nonostante l'introduzione del capitale fisso sia stata finanziata con capitale precedentemente accumulato, per il cui utilizzo si corrispondono gli interessi, la disoccupazione si crea comunque. È importante evidenziare che la riduzione della domanda di lavoro non avviene per la natura *labour saving* del capitale fisso (in questo caso i cavalli), ma per il fatto che esso, per funzionare, assorbe una parte delle risorse destinate ai lavoratori.

Hollander ha osservato: «We should note that Ricardo was concerned specifically with one form of "fixed capital" only, namely, horses and oxen, and not with *machinery*.» (Hollander, 1979, p.363, il corsivo è tratto dall'originale). È certamente vero che l'esempio è riferito a un ben definito tipo di capitale fisso (i cavalli), e che considerandolo un caso particolare, Ricardo non ritiene di dover trarre conseguenze di portata generale. Ma, prima di accantonare questo esempio come un caso di portata limitata, ritengo sia bene considerare l'idea che Ricardo ha delle macchine e in cosa esse differiscono dai cavalli.

Le macchine considerate nel capitolo XXXI non richiedono capitale circolante per funzionare, esse hanno bisogno dell'assistenza dei lavoratori per produrre, ma, a parte i costi di manutenzione, il loro utilizzo non determina costi di alcun tipo; sarebbero cioè una sorta di macchine-utensili. Infatti, riferendosi a quell'esempio, aggiunge: «La ridotta quantità di lavoro che il capitalista è ora in grado di impiegare deve in effetti produrre, con l'ausilio della macchina e dopo le detrazioni per la sua manutenzione, un valore pari a 7.500 l.» (Ricardo, 1821a, p.297). A differenza delle macchine-utensili, però, i cavalli per funzionare, cioè per essere mantenuti in vita, consumano capitale circolante; «Se nel mio podere impiegassi cento uomini e trovassi che i viveri destinati a cinquanta di questi uomini potrebbero essere trasferiti al mantenimento dei cavalli e darmi una resa di prodotto grezzo, detratto l'interesse del capitale che l'acquisto dei cavalli assorbirebbe, sarebbe per me vantaggioso sostituire i cavalli agli uomini, e di conseguenza lo farei» (Ricardo, 1821a, p.301).

Una interpretazione letterale di questa passo porterebbe a pensare che la disoccupazione si crea perché i cavalli mangino, materialmente, il cibo precedentemente destinato ai lavoratori. In realtà a mio parere Ricardo non intende che i cavalli venissero nutriti con grano, minestre e altri viveri destinati ai lavoratori; ritengo, invece, che quando dice "[i viveri] trasferiti al mantenimento dei cavalli" intenda che i viveri, prima destinati ai lavoratori, sono scambiati con paglia, fieno e altro foraggio tipico dell'alimentazione dei cavalli. È bene ricordare che nell'esempio che si riferisce alla manifattura di stoffa, l'anno successivo alla produzione della macchina, c'era un calo della domanda dei beni salario che determinava il trasferimento di capitale da tale settore verso quello dei beni di lusso; ciò determina un calo dell'offerta di beni salario che fa ristabilire l'equilibrio. Nel caso di sostituzione di cavalli al posto degli uomini succederebbe la stessa cosa: un calo della domanda dei beni di sussistenza destinati agli uomini e uno spostamento di capitale, da tale settore, verso quello del foraggio per cavalli.

La disoccupazione non è creata, quindi, perché i cavalli mangiano il cibo dei lavoratori, ma perché una parte del capitale circolante, prima spesa per mantenere i lavoratori, adesso è destinata a mantenere il capitale fisso (i cavalli). La scelta tra impiegare il capitale fisso o i lavoratori è fatta in base alla diversa efficienza esistente tra lavoratori e cavalli, cioè in base al rendimento che ha il capitale circolante impiegato per il loro mantenimento.

A differenza del caso della trasformazione, in cui la detrazione di capitale circolante può avvenire solo al momento della costruzione della macchina, nel caso dei cavalli la "sottrazione" del capitale circolante destinato al mantenimento dei lavoratori si verifica in modo continuativo, anno per anno. Trasferendo l'esempio dei cavalli ai nostri giorni, ci rendiamo conto che il capitale circolante consumato dalle macchine moderne è notevole: basti pensare a quanta energia elettrica e petrolio (capitale circolante) viene utilizzato per alimentare le moderne industrie. Se dunque ai tempi di Ricardo il capitale circolante (tutto ciò che si consuma durante il ciclo produttivo) era costituito prevalentemente dai salari, ai nostri giorni l'incidenza della forza lavoro è notevolmente diminuita a favore di altri costi (energia in primis).

In base a quanto appena detto, risulta evidente che nel moderno processo produttivo, la creazione di disoccupazione, per effetto del consumo di capitale circolante da parte del capitale fisso, è un fenomeno rilevante e rapprensenta la principale causa della disoccupazione creata dallo sviluppo tecnologico.

6. Il riassorbimento dei lavoratori licenziati

Gli effetti compensativi che consentono il riassorbimento della disoccupazione tecnologica, non presentano difficoltà interpretative per ciò che attiene la loro esistenza e il loro modo di operare. Tuttavia la loro quantificazione si presenta poco agevole, e resta comunque indeterminata; infatti Ricardo non ha voluto, o potuto, chiarire né quanti sono i lavoratori effettivamente riassunti né dopo quanto tempo il processo di riassorbimento viene completato.

Per comprendere l'esistenza dei meccanismi compensativi è bene riprendere, brevemente, alcuni punti fin qui trattati. Sia nell'esempio riguardante la trasformazione del capitale che in quello dei cavalli il valore del reddito netto, a livello di sistema, resta invariato. Tuttavia il reddito netto misurato in termini fisici aumenta, poiché l'utilizzo della macchina ha permesso una riduzione dei costi e quindi dei prezzi (mentre il reddito netto monetario è rimasto invariato).

È proprio la riduzione dei prezzi che è la causa del riassorbimento di una parte dei lavoratori licenziati; per avere una visione precisa del meccanismo è bene riportare le parole di Ricardo: «Poiché, comunque, la capacità di risparmiare sul reddito per accrescere il capitale dipende necessariamente dalla capacità del reddito netto di soddisfare i bisogni del capitalista, dalla riduzione del prezzo delle merci conseguente all'introduzione delle macchine non può non seguire che, in presenza degli stessi bisogni, il capitalista avrà maggiori possibilità di risparmiare, maggiore facilità di trasformare il reddito in capitale.» (Ricardo, 1821a, p.297). Il meccanismo che conduce alla compensazione è molto chiaro, ma le difficoltà sorgono quando si cerca di quantificare tale fenomeno. Affinché la riassunzione dei lavoratori si verifichi, è condizione necessaria che il capitalista mantenga "gli stessi bisogni"; ma questa condizione, nel modello di Ricardo, è realizzabile solo parzialmente.

Pochi pagine prima, nello stesso capitolo "Delle macchine", aveva detto: «giacché ero, e sono, profondamente convinto della verità dell'osservazione di Adam Smith, secondo cui "il desiderio di cibo è limitato dalla limitata capacità dello stomaco di ogni uomo, ma il desiderio di comodità e di ornamenti negli edifici, negli abiti, nell'equipaggio per la carrozza e nel mobilio, sembra non avere limiti né confini precisi"» (Ricardo, 1821a, p.295).

Il passo appena riportato non è necessariamente in conflitto con il precedente, ma ne limita la portata; infatti la possibilità di trasformare il reddito in capitale è da riferirsi in modo certo solo al risparmio realizzato sui beni alimentari. A parte il risparmio sui viveri, tutto ciò che si risparmierà grazie al calo dei prezzi, potrebbe essere comunque speso per l'acquisto di qualche altro bene e non dare origine a risparmio e, quindi, alla creazione di nuovo capitale.

L'aumento, in termini di prodotto, del reddito netto è il fattore cruciale che permette il riassorbimento dei lavoratori licenziati. Ricardo ipotizza per due volte l'entità che dovrebbe avere tale aumento affinché la disoccupazione creata venga totalmente eliminata. Inizialmente egli dice che: «se la maggiore produzione conseguente all'impiego delle macchine fosse talmente grande da fornire, sotto forma di prodotto netto, la stessa di quantità di viveri e di beni di prima necessità che si avevano prima sotto forma di prodotto lordo, vi sarebbe la stessa possibilità di impiegare la popolazione complessiva e non vi sarebbe quindi necessariamente un eccesso di popolazione» (Ricardo, 1821a, p.297).

Se poniamo:

PL_t = quantità del prodotto lordo prima della macchina

PL_{t+2} = quantità del prodotto lordo ottenuto con l'utilizzo della macchina[35]

---

[35] Si è indicato con t l'anno in cui si produce senza la macchina, con $t+1$ l'anno di costruzione della macchina, con $t+2$ l'anno del suo primo utilizzo. Il confronto si deve fare tra l'anno t e l'anno $t+2$; infatti nell'anno $t+1$ non si ha un aumento, in termini di beni, del reddito netto, in quanto la produzione si svolge ancora senza la macchina(che si sta appunto construendo nell'anno $t+1$.

PN_{t+2} = quantità del prodotto netto ottenuto con l'utilizzo della macchina.

Possiamo esprimere la condizione posta da Ricardo nel seguente modo:

a) $PN_{t+2} = PL_t$ [36]

Poco dopo Ricardo riesprime la condizione del totale reimpiego dei lavoratori licenziati, e dice: «se i mezzi di produzione, perfezionati grazie all'impiego delle macchine, dovessero aumentare il prodotto netto di un paese in misura così grande da non diminuire il prodotto lordo (mi riferisco sempre alla quantità e non al valore

---

[36] Pini, invece, interpreta il passo appena citato nel senso che: «l'aumento del prodotto netto sia così elevato da non diminuire il prodotto lordo» (Pini, 1991, p.164). Quindi nell'interpretazione di Pini l'equazione sarebbe: $PL_{t+2} = PL_t$. Ma, se così fosse, alcuni lavoratori resterebbero disoccupati. Come vedremo nel corso di questo paragrafo Ricardo, nel breve periodo, ritiene che i salari monetari rimangono invariati, al contrario dei prezzi che invece calano; in virtù di questo fatto i lavoratori che sono rimasti occupati consumeranno più beni, e, se la produzione è rimasta uguale a quella che c'era prima di introdurre la macchina, non ci saranno beni sufficienti per riassumere tutti i lavoratori licenziati. Ma a parte la contraddizione appena evidenziata, nel passo di Ricardo, citato dallo stesso Pini, è detto: «sotto forma di prodotto netto, la stessa quantità di beni e di viveri di prima necessità che si avevano prima sotto forma di prodotto lordo», questo passo di Ricardo è citato in Pini (1991, p.164).

delle merci) allora la situazione delle classi verrà migliorata» (Ricardo, 1821a, p.299). Se il prodotto lordo non deve diminuire, allora basta che resti invariato perché si abbia la completa scomparsa della disoccupazione. Questa condizione, usando la simbologia precedente, può essere espressa nel seguente modo:

b) $\quad PL_t = PL_{t+2}$

Come si nota le due uguaglianze a) e b) non sono compatibili; sarebbero vere entrambe solo se $PN_{t+2} = PL_{t+2}$, cioè solo se, dopo che si è introdotta la macchina, tutta la produzione ottenuta (PL_{t+2}) sia attribuita al prodotto netto (PN_{t+2}) con il capitale circolante uguale a zero.

Se invece non si volesse interpretare in modo letterale l'ultimo passo citato, ma lo si volesse intendere nel modo più ampio, intendendo cioè il "non diminuire il prodotto lordo" come "aumentare il prodotto lordo"; la b) si trasformerebbe nella b_1):

b_1) $PL_t < PL_{t+2}$

Però adesso la b_1) è una espressione indeterminata; essa, infatti, non indica più di quanto PL_{t+2} (il prodotto lordo ottenuto dopo l'utilizzo della macchina) deve essere maggiore di PL_t (il prodotto lordo ottenuto prima che si introducesse la macchina) affinché tutta la disoccupazione tecnologica sia riassorbita.

Questa evidente indeterminatezza, se non addirittura contraddittorietà, non può essere attribuita a un errore di "distrazione" da parte di Ricardo, ma piuttosto alla numerosità e complessità delle variabili che si devono considerare al fine di determinare il numero dei lavoratori effettivamente riassorbiti. Sebbene Ricardo non approfondisca in modo accurato le interrelazioni di tali variabili, certamente né intuì la rilevanza; infatti, poche righe dopo il passo appena citato, scrive: «la classe lavoratrice ha un interesse non piccolo al modo in cui viene speso il reddito netto del paese». Egli continua dicendo che un certo ammontare di reddito netto ha effetti diversi sull'occupazione, a seconda del modo in cui esso viene speso: il reddito netto impiegato per mantenere domestici ha una ricaduta occupazionale maggiore rispetto a quello speso in beni di lusso.

Inoltre Ricardo aggiunge che una situazione simile si ha con le spese militari. Quando uno stato affronta una guerra, aumenta la tassazione per finanziare lo sforzo militare. Con l'aumento della tassazione si sottrae reddito netto dalla disponibilità dei privati, i quali ne utilizzavano almeno una parte per acquistare beni di lusso; tale reddito, una volta incamerato dallo stato viene totalmente speso per impiegare soldati e marinai, innescando così una domanda aggiuntiva di uomini da impiegare, che, nel caso ci sia già la piena occupazione, generà un aumento demografico. «Alla fine della guerra, quando parte del mio reddito torna a me e viene impiegato come prima nell'acquisto di vino, di mobili e di altri oggetti di lusso, la popolazione che prima esso manteneva e che la guerra aveva chiamato in vita, diventerà eccessiva» (Ricardo, 1821a, p.300).

Ricardo ci ha appena detto, quindi, che l'aumento del reddito netto è una condizione necessaria, ma non sufficiente, perché si possa ritornare al pieno impiego[37]; quello che diventa determinante è il modo in cui è speso tale reddito netto.

Davis ha posto il problema se Ricardo non abbia trascurato il fatto che la riduzione dei prezzi, a parità di salario reale, fa scendere il salario monetario, e quindi con lo stesso valore di capitale circolante, si dovrebbero occupare un maggior numero di lavoratori[38]. Ma questa

---

[37] L'assunto che un aumento del prodotto netto, tale da far aumentare la produzione totale, non sia di per sé in grado di garantire il riassorbimento della disoccupazione è stato approfondito, in chiave moderna, da Lunghini (1998, pp.3-8).
[38] Davis si esprime in questi termini:«Indeed Ricardo's argument can be generalized. Though he himself does not suggest it, lower prices for wage goods produced with more machinery will permit savings on circulating capital as well. In this instance also, more labour can subsequently re-employed.» (Davis, 1989, p.468).

tesi non può essere accolta; infatti, nel capitolo XXXI è detto che pure i lavoratori beneficiano del calo dei prezzi[39], del resto anche in una lettera a McCulloch è riaffermato che tutte le classi, in quanto consumatrici, godono del calo dei prezzi realizzato grazie all'introduzione della macchina[40].

Ma se nel breve periodo il salario reale aumenta, nel lungo periodo è destinato a ritornare vicino al livello di sussistenza[41]. L'abbassamento del salario reale, nel lungo periodo, si verifica: «per gli effetti della concorrenza e dell'impulso dato alla popolazione» (Ricardo, 1821a, p.11). Delle due cause che fanno abbassare il salario reale, la prima (la concorrenza tra lavoratori) agevola il processo di riassorbimento della disoccupazione, ma la seconda, facendo aumentare la popolazione, lo rende più difficile.

---

39 «la situazione delle classi lavoratrici sarà anch'essa considerevolmente migliorata […] in seguito al basso prezzo di tutti gli articoli di consumo in cui vengono spesi i loro salari» (Ricardo, 1821a, p.299).
40 Cfr. Ricardo, 1821c, p.388.
41 Cfr. Ricardo, 1821a, p.11.

Da quanto detto finora risulta chiaro che, nel breve periodo, la riassunzione di tutti i lavoratori licenziati dipende dall'aumento della quantità dei beni che compongono il reddito netto, dal modo in cui tale reddito netto viene speso e dalla quantità di tale reddito che viene risparmiata e tramutata in capitale; nel lungo periodo, se il processo di assorbimento dei lavoratori non si è ancora completato, entra in gioco anche la variabile della diminuzione del salario reale, accompagnato però da un inevitabile aumento della popolazione.

Ricardo, pur ritenendo certo, nel lungo periodo, il totale riassorbimento della disoccupazione, evita di calcolare le interrelazioni tra le variabili in gioco. Per ciascuna di esse egli svolge solo una analisi di tipo qualitativo, indicando se l'effetto esercitato sul livello occupazionale è positivo o negativo, ma si astiene sempre da una vera analisi quantitativa; infatti non quantifica mai con esattezza il processo di riassorbimento, né indica un criterio per calcolarlo. In questo modo, di fatto, lascia aperto il problema se il processo compensativo, innescato dal calo dei prezzi, sia o non sia in grado di riassorbire la totalità della disoccupazione creata. Al contrario, invece, l'entità della disoccupazione tecnologica è facilmente determinabile: essa è misurata con esattezza dalla quantità di capitale circolante che viene trasformata in capitale fisso (il caso del famoso esempio numerico) o che viene consumata per far funzionare il capitale fisso (l'esempio dei cavalli).

Che però, gli effetti di riassorbimento della disoccupazione, sebbene di difficile quantificazione, ci siano realmente è testimoniato dalla storia[42].

---

42 Basti osservare che dai tempi della prima industrializzazione
- si è generato un sempre crescente utilizzo di macchine nel processo produttivo,
- gli orari di lavoro si sono notevolmente ridotti.

Ciò avrebbe dovuto derteminare un incremento insostenibile della disoccupazione. Se ciò non si è verificato è proprio perchè, nei paesi in cui le macchine sono introdotte, si innescano meccanismi che portano al riassorbimento della disoccupazione creata.

7. Allora le macchine creano disoccupazione?

Dopo aver spiegato perché l'introduzione delle macchine può risultare dannosa per il lavoratori, Ricardo precisa che: «Le affermazioni che ho fatto non porteranno, spero, a concludere che l'impiego delle macchine non dovrebbe essere incoraggiato.» (Ricardo, 1821a, p.301). Subito dopo egli giustifica questa sua affermazione ricorrendo a due ordini di motivi; il primo riguarda il modo di finanziare la costruzione della macchina, il secondo riguarda la competitività internazionale.

In merito alla costruzione della macchina, Ricardo dice che: «Per chiarire il principio ho supposto che le macchine perfezionate vengano inventate *all'improvviso* e impiegate estensivamente; ma la verità è che queste invenzioni sono graduali e operano più nel senso di determinare l'impiego del capitale che viene risparmiato e accumulato che nel senso di distogliere capitale dagli impieghi in cui è già investito.» (Ricardo, 1821a, p.301, il corsivo è tratto dall'originale). In questo passo, pur ritenendo che l'introduzione di una nuova macchina avvenga più frequentemente mediante l'utilizzo di capitale precedentemente risparmiato, non si esclude la conversione del capitale circolante in capitale fisso, ma se ne limita soltanto la frequenza.

L'accumulazione di capitale, tuttavia, evita la disoccupazione causata dalla trasformazione del capitale circolante in fisso, ma risulta totalmente inefficace ad evitare la formazione della disoccupazione causata dalla maggiore efficacia del capitale fisso rispetto al lavoratore. Infatti l'esempio dei cavalli proposto nei *Principi*, contrariamente a quello riportato nelle *Notes on Malthus*, prevede espressamente che l'introduzione dei cavalli avvenga mediante capitale precedentemente risparmiato, e, nonostante questo, si crea comunque una certa disoccupazione tecnologica.

Se la macchina non consuma nulla per funzionare, l'unico momento in cui può diminuire il capitale circolante è quando la si costruisce trasformando il capitale fisso in circolante; in questo caso la costruzione della macchina tramite capitale precedentemente accumulato supera il problema e apporta beneficio a tutte le classi, in quanto, a redditi monetari invariati, godono dell'abbassamento del livello generale dei prezzi.

Se la macchina, per funzionare, richiede del capitale circolante la modalità di costruzione (se con capitale circolante o con capitale precedentemente accumulato) diventa secondaria; con questo tipo di macchina il cambio di destinazione del capitale circolante, dal mantenimento dei lavoratori al mantenimento del macchina, avviene anno per anno, quindi ristabilire il fondo salari diventa più difficile rispetto al caso precedente.

Ai primi dell'Ottocento le macchine, tranne quella a vapore, non avevano bisogno di capitale circolante per funzionare; non deve, quindi, sorprendere che Ricardo abbia rivolto la sua attenzione soprattutto alla macchina-utensile e abbia posto l'attenzione quasi esclusivamente su uno dei meccanismi che creano disoccupazione tecnologica.

Sebbene abbia dimostrato l'esistenza della disoccupazione tecnologica, e si sia mostrato scettico sulla possibilità di un suo completo ed "indolore"[43] riassorbimento, Ricardo conclude il capitolo XXXI dicendo che l'introduzione delle macchine non può essere scoraggiata. «L'impiego delle macchine in uno stato non può mai essere scoraggiato impunemente; se al capitale non si consente di ottenere il massimo del reddito netto che l'impiego delle macchine può dare, esso verrà inviato all'estero, e questo suo esodo deve scoraggiare la domanda di lavoro in modo molto più serio del più esteso impiego delle macchine.[...] Con l'investimento di una parte del capitale in macchine perfezionate, si avrà in seguito una diminuzione della domanda di lavoro; con la

---

[43] Ricordo al riguardo la possibilità, evidenziata da Samuelson e fondata su precisi riferimenti testuali, che si potrebbe verificare una riduzione della popolazione divenuta esuberante a causa della costruzione della macchina. Al riguardo Ricardo dice: «la popolazione diventerà esuberante e la situazione delle classi lavoratrici sarà quella dei momenti di miseria di sofferenza.» (Ricardo, 1821a, p.297).

sua esportazione in un altro paese la domanda sarà completamente annientata» (Ricardo, 1821a, pp.301-3).

A mio parere il passo appena citato rappresenta la chiave di interpretazione di quelle parti che nel capitolo erano rimaste indeterminate. Nonostante l'esistenza dei meccanismi compensativi (mai quantificati), e nonostante frequentemente (ma non esclusivamente) le macchine siano introdotte grazie all'accumulazione di capitale, Ricardo ritiene che l'uso esteso delle macchine diminuisca la domanda di lavoro. Ma l'uso delle macchine non può essere scoraggiato; se, infatti, il capitale, a seguito di una proibizione delle macchine, non rendesse al meglio sarebbe esportato all'estero e la domanda di lavoro si azzererebbe. Si tratta, quindi, di scegliere il minore dei due mali: o una disoccupazione tecnologica, mitigata dall'insorgere di meccanismi compensativi che danno al disoccupato la speranza di essere riassunto, oppure, con il trasferimento dei capitali all'estero, un azzeramento della domanda di lavoro e la realizzazione di scambi sfavorevoli con l'estero. Sebbene

Ricardo non sia stato il primo ad usare questa argomentazione[44], è evidente che essa si sposa perfettamente con il resto della sua teoria economica. Infatti, così come Malthus, con la legge sulla popolazione, aveva "dimostrato" l'ineluttabilità della povertà e della miseria per la classe lavoratrice, allo stesso modo Ricardo, con la concorrenza internazionale, "dimostra" l'ineluttabilità del continuo progresso tecnologico. L'esistenza della concorrenza internazionale obbliga il capitalista a minimizzare i costi di produzione e, quindi, a introdurre le macchine. La classe lavoratrice, che a ragione ritiene che l'impiego delle macchine le sia dannoso[45], tuttavia ha più convenienza a non opporsi all'impiego delle macchine, la cui proibizione distruggerebbe totalmente la domanda di lavoro. Rivolgendosi apertamente agli oppositori del progresso tecnico, Ricardo dice: «Se però dovreste respingere

---

44 Al riguardo si veda la nota 11
45 Ricardo si esprime con queste parole: «l'opinione nutrita dalla classe lavoratrice, secondo cui l'impiego delle macchine è spesso assai dannoso ai suoi interessi, non è fondata sul pregiudizio e sull'errore, ma è conforme ai corretti principi dell'economia politica» (Ricardo, 1821a, p.299).

l'impiego delle macchine mentre tutti gli altri paesi lo incoraggiano [...]. Nei vostri scambi con questi paesi, potreste dare una merce che da noi costa due giornate di lavoro in cambio di una che all'estero ne costa una soltanto, e questo scambio svantaggioso sarebbe la conseguenza della vostra stessa azione, giacché la merce [...] sarebbe costata solo una [giornata] se non avreste respinto l'impiego delle macchine, dei cui servizi i vostri vicini si erano più saggiamente appropriati» (Ricardo, 1821a, p.303).

Se prima del 1821 Ricardo era stato incondizionatamente favorevole all'introduzione delle macchine, dopo egli non cambia idea e continua a essere favorevole alle macchine, solo che adesso ammette che esse hanno delle criticità che possono portare all'esistenza di una certa disoccupazione tecnologica.

Quando fu pubblicata la terza edizione dei *Principi* la società inglese era divisa tra coloro che erano favorevoli alle macchine, perché abbassavano i costi di produzione e aumentavano la quantità dei beni ottenuti, e coloro che erano contrari, perché si sostituivano al lavoro umano e provocavano disoccupazione. In tale dibatto Ricardo assunse una posizione autonoma ed originale: pur ritenendo che le macchine creassero disoccupazione, avvalorando così la tesi di coloro che erano contrari alle macchine, egli si dichiarò favorevole alla loro diffusione. Cercando di convincere i lavoratori che la proibizione delle macchine avrebbe portato loro conseguenze ben peggiori di quelle derivanti dal loro utilizzo, Ricardo si era schierato apertamente con coloro che erano favorevoli alla meccanizzazione. Ma la sua posizione non fu ritenuta convincente[46] e le sue opinioni furono, addirittura, ritenute apologetiche del luddismo[47].

Per rispondere ad una delle critiche che gli erano state mosse da McCulloch[48], Ricardo espone, forse in

---

46 McCulloch al riguardo precisò che: «It is impossible to fritter away your argument by fencing it about with conditions—If it is good for any thing at all it is conclusive against all employment of machinery» (McCulloch, 1821, pp.382-3).

47 «If your reasoning and that of Mr. Malthus be well founded, the laws against the Luddites are a disgrace to the Statute book» (McCulloch, 1821, p.385).

48 McCulloch, dopo la pubblicazione delle *Observations* di Barton nel 1817, aveva assunto una posizione critica nei confronti delle macchine, ma dopo aver discusso dell'argomento con Ricardo, fu indotto da quest'ultimo a cambiare idea e a pubblicare un lavoro in cui dimostrava i vantaggi delle macchine. Quando

modo ancora più chiaro di quanto non avesse fatto nei *Principi,* il meccanismo che porta alla sostituzione del capitale circolante: «I have said that when a manufacturer is in possession of a circulating capital he can employ with it a greater number of men, and if it should suit his purposes to substitute a fixed capital of an equal value of this circulating capital, it will be inevitably followed by a necessity of dismissing a part of his workmen, for a fixed capital cannot employ all the labour which it is calculated to supersede.» (Ricardo, 1821c, p.390). Nel passo appena citato Ricardo, riferendosi alla maggiore convenienza nel trasformare il capitale circolante in fisso, non fa alcun rimando al fatto che non ci sia capitale precedentemente accumulato. Mentre nel suo esempio più famoso Ricardo aveva fatto discendere la creazione della disoccupazione dalla mancanza di capitale precedentemente risparmiato, adesso fa solo riferimento alla maggiore convenienza dell'impiego del capitale. In questo modo, a mio avviso, Ricardo attribuisce una crescente rilevanza all'esempio da

---

Ricardo cambiò idea sulle macchine, McCulloch si sentì quasi tradito e non perse occasione per criticare la nuova posizione assunta da Ricardo.

lui esposto sull'introduzione dei cavalli (considerati in tutto e per tutto come capitale fisso) in agricoltura. In tale esempio, finora notevolmente trascurato, ogni volta che si ritiene conveniente far svolgere le mansioni ai cavalli (capitale fisso) piuttosto che ai lavoratori, si provvede ad aumentare il capitale fisso e a ridurre il capitale circolante, pur esistendo del capitale precedentemente risparmiato e, quindi, disponibile.

Nel rispondere alle critiche ricevute, risulta evidente come Ricardo divenga sempre più certo nell'affermare che l'introduzione delle macchine determini disoccupazione. Ma questa disoccupazione è destinata a rimanere o può essere "esportata"?

8. Globalizzazione uguale disoccupazione?

Nel dibattito contemporaneo sulla globalizzazione non mancano economisti che si dicono convinti che la libera circolazione delle merci non possa che creare reciproci vantaggi, secondo la loro visione ogni abbattimento di barriere doganali e ogni trattato di libero scambio produce solo e soltanto effetti benefici sulle economie di ciascuno stato.

Già nell'ottocento i primi economisti osservarono con attenzione ed interesse il fenomeno del commercio con l'estero. Per Malthus, ad esempio, il commercio estero avvantaggia ciascuno degli stati che vi partecipa; il desiderio di prodotti stranieri, non ottenibili all'interno, fa sì che all'interno del singolo stato si organizzino delle risorse produttive (tra cui il lavoro) per realizzare beni da scambiare con i prodotti esteri. Se non fosse possibile attuare tale scambio con l'estero, per Malthus, una parte delle risorse produttive non verrebbe impiegata, in quanto il loro utilizzo è finalizzato solo e soltanto all'ottenimento dei prodotti stranieri; secondo questo modello, quindi, la globalizzazione crea nuova occupazione.

Ricardo, invece, aveva una visione meno idilliaca del commercio estero: gli scambi internazionali avvantaggiano gli stati avanzati tecnologicamente e danneggiano gli stati arretrati.

Questa affermazione può suscitare qualche perplessità in chi ricorda Ricardo come il padre della legge dei "vantaggi (o costi) comparati". Infatti la dottrina si è sempre soffermata sulla prima parte della legge dei costi comparati, in cui Ricardo effettivamente, dimostra che, sotto certe condizioni, due paesi hanno convenienza ad allacciare rapporti commerciali. Tuttavia Ricardo evidenzia che, nel caso in cui uno dei paesi realizzi dei progressi tecnici, gli scambi internazionali avvantaggiano il paese più sviluppato tecnologicamente e danneggiano quello più arretrato. Tale argomento sarà presto approfondito, intanto ritorniamo alla parte finale del capitolo XXXI "Delle macchine". In tale capitolo si afferma che la proibizione dell'uso delle macchine farebbe sprofondare l'Inghilterra in una situazione di arretratezza tecnologica, rispetto agli altri paesi che invece continuano lo sviluppo di macchine sempre più efficienti. Tale situazione darebbe luogo per l'Inghilterra ad uno «scambio svantaggioso» che sarebbe la diretta conseguenza dell'arretratezza tecnologica in cui essa è caduta (proprio a causa della proibizione dell'uso delle macchine)[49]. Risulta, quindi, evidente che negli scambi tra due paesi con diverso grado di sviluppo tecnologico ad essere avvantaggiato è il paese più avanzato, mentre il paese più arretrato ne risulta svantaggiato.

La legge dei costi comparati, in un regime di libero commercio internazionale, fa sì che ogni stato si specializzi nella realizzazione dei beni che consenta l'utilizzo, in modo intensivo, del fattore di cui ha la dotazione più abbondante in senso relativo.

Per illustrare tale legge Ricardo fece un esempio, ipotizzando che in due paesi, Inghilterra e Portogallo, la

---

49 Cfr. Ricardo, 1821a, p.303.

realizzazione di due beni, vino e stoffa, richieda una diversa quantità di lavoro. Il numero di lavoratori, da impiegare in un anno, per ottenere una certa quantità di vino e di stoffa è stato indicato nella seguente tabella:

	Inghilterra	Portogallo
Stoffa	100	90
Vino	120	80

Sotto queste condizioni a ciascun paese conviene dedicarsi alla produzione più efficiente: al Portogallo conviene specializzarsi nella produzione del vino, all'Inghilterra nella produzione della stoffa. Anche se il Portogallo ha costi di produzione inferiori[50] per entrambi i

---

[50] Questa stima di Ricardo ha un valore puramente teorico; è indubbio, infatti, che a quel tempo lo sviluppo dell'industria tessile inglese consentiva a quest'ultima di ottenere tessuti a costi enormemente inferiori a quelli dell'industria portoghese. Al riguardo è stato giustamente osservato: «con la tipica indifferenza per la plausibilità dei fatti, Ricardo supponeva nel suo esempio che l'efficienza portoghese fosse superiore all'efficienza inglese sia nel vino che nei tessuti» (Lekachman, 1959, p.171).

beni lo scambio di vino portoghese contro stoffa inglese sarà vantaggioso per entrambi i paesi.

Vediamo perché: il Portogallo, producendo il vino con 80 lavoratori e scambiandolo con la stoffa inglese, otterrà la stoffa con il lavoro degli 80 lavoratori destinati alla produzione del vino anziché con il lavoro di 90 uomini, altrimenti necessari per la produzione interna della stoffa. L'Inghilterra, producendo la stoffa con 100 lavoratori e scambiandola con il vino portoghese, otterrà il vino con soli 100 lavoratori, anziché di 120 (altrimenti necessari se desiderasse produrre il vino al suo interno).

Quanto esposto finora è la parte più nota della teoria dei costi comparati ed è stata usata per dimostrare che la libera circolazione delle merci avvantaggia tutti gli stati. Se si ritorna all'esempio numerico, infatti, si nota come lo scambio sia favorevole ad entrambi gli stati: grazie al commercio internazionale l'Inghilterra può ottenere la stoffa ed il vino con 200 lavoratori (100 producono direttamente stoffa, gli altri 100 producono stoffa da scambiare con il vino portoghese), senza il commercio internazionale sarebbero occorsi 220 lavoratori per ottenere la stessa quantità di merci (100 per produrre la stoffa e 120 per il vino).

In realtà, Ricardo, all'interno dello stesso capitolo, approfondisce ulteriormente la sua analisi su tale questione, introducendo due importanti elementi: il prezzo di vendita dei beni ed il progresso tecnologico.

In primo luogo, egli non considera più il costo di produzione dei beni ma considera il loro prezzo di vendita, riassunti nella seguente tabella:

	Inghilterra	Portogallo
Stoffa	45£	50£
Vino	50£	45£

Sotto queste condizioni, un mercante di stoffa provvederà ad acquistare stoffa in Inghilterra (a 45£) e a rivenderla in Portogallo (a 50£); un mercante di vino provvederà a fare la cosa inversa, acquistando vino in Portogallo (a 45£) e lo rivendendolo in Inghilterra (a 50£). Come si nota, si instaurano dei flussi (inversi) di denaro; se tali flussi sono di pari entità[51], il saldo dei movimenti monetari tra i due paesi è nullo, e, quindi, non vi è alcun passaggio di oro[52] da un paese ad un altro.

In secondo luogo Ricardo considera anche il progresso tecnologico e valuta gli effetti che esso produce sui prezzi e sulle quantità. Egli suppone che grazie ad un «un nuovo processo di fabbricazione, in Inghilterra il prezzo del vino scenda a 45£ mentre il prezzo della stoffa rimane lo stesso [45£]» (Ricardo, 1821a, p.96). Il mercante di stoffe avrà ancora convenienza ad acquistare stoffa in Inghilterra (a 45£) e a venderla (a 50£) in Portogallo, quindi continuerà ad esistere un flusso di moneta che dal Portogallo va in Inghilterra. Il mercante di vino, non avrà più convenienza ad acquistare vino in

---

51 Anche se fino a questo punto della trattazione Ricardo non ha considerato saldi commerciali diversi dallo zero, egli aveva ben presente tale eventualità, come vedremo da qui a poco.
52 Il passaggio di oro da uno stato ad un altro era la conseguenza obbligata di una bilancia dei pagamenti non in equilibrio; infatti, in quel periodo vigeva il regime del gold standard (che garantiva la piena convertibilità della moneta).

Portogallo (a 45£) per rivenderlo in Inghilterra (a 45£), dato che il prezzo di tale bene è divenuto uguale in entrambi i paesi; per cui il movimento dei prezzi farà raggiungere un nuovo equilibrio e si arresterà il flusso di denaro che dal Portogallo raggiungeva l'Inghilterra.

Il nuovo processo di produzione del vino, perfezionato in Inghilterra, ha rotto l'equilibrio e ha determinato un afflusso netto di moneta verso tale paese. «La diminuzione della quantità di moneta in un paese e il suo aumento in un altro non agiscono però soltanto sul prezzo di una merce, ma sui prezzi di tutte, e perciò i prezzi del vino e della stoffa aumenteranno entrambi in Inghilterra e diminuiranno entrambi in Portogallo. Il prezzo della stoffa, che era di 45 £ e di 50 £ nell'altro, scenderà probabilmente a 49 o 48 £ in Portogallo e salirà a 46 o 47 £ in Inghilterra, e dopo il pagamento per l'aggio sulla cambiale non sarà sufficiente a indurre qualche mercante a importare tale merce.» (Ricardo, 1821a, p.97).

Anticipando i meccanismi di adeguamento dei prezzi alla quantità di moneta esistente, che saranno successivamente formalizzati dai neoclassici nella "teoria quantitativa della moneta", Ricardo ritiene che il flusso monetario che va dal Portogallo all'Inghilterra determini un movimento dei prezzi; in particolare in Inghilterra si registra un aumento dei prezzi, mentre in Portogallo si ha una loro diminuzione. Ma in Portogallo (cioè il paese che è rimasto indietro nel processo di innovazione tecnologica), la riduzione dei prezzi sarebbe «solo un vantaggio apparente, giacché la quantità di stoffa e di vino complessivamente prodotta nel paese risulterebbe diminuita, mentre risulterebbe aumentata la quantità prodotta in Inghilterra» (Ricardo, 1821a, p.98).

Nella teoria ricardiana dei costi comparati, gli effetti dell'innovazione tecnologica si manifestino in due fasi. In una prima fase, che possiamo definire di raggiungimento del nuovo equilibrio, si determina un flusso di moneta dal paese arretrato a quello sviluppato. Questo afflusso di denaro determina un progressivo movimento dei prezzi tale da portare al riequilibrio della loro bilancia dei pagamenti. Durante questa fase il paese più arretrato subisce una riduzione della produzione, con conseguente creazione di disoccupazione indotta dallo sviluppo tecnologico dell'altro stato, che, invece, aumenta la sua produzione, creando occupazione. Quando questo prima fase giunge a conclusione, si instaura una seconda fase, che possiamo definire del nuovo equilibrio, che dura fino alla successiva modificazione del gap tecnologico fra i due paesi. Quando l'Inghilterra introdurrà una nuova tecnologia, più efficiente di quelle esistenti, in Portogallo si determinerà una nuova rottura dell'equilibrio, con una nuova variazione dei prezzi, una nuova contrazione della produzione e creazione di nuova disoccupazione.

Bisogna considerare che l'innovazione tecnologica è un processo che si rinnova continuamente. Anche quando la teoria quantitativa della moneta garantisce il raggiungimento di un nuovo equilibrio, tale equilibrio non è mai definitivo. Infatti è facile ipotizzare che in futuro interverrà una nuova innovazione che determinerà un nuovo movimento dei prezzi e, per il paese che non riesce ad adeguarsi, una nuova riduzione della produzione ed aumento della disoccupazione. In altri termini si instaura una sorta di elastico tra i due paesi: ogni volta che il divario tecnologico aumenta si ha un peggioramento delle condizioni del paese arretrato nei confronti di quello sviluppato, e viceversa se il divario diminuisce. Una cronica inferiorità tecnologica determina una stabile perdita di un certo numero di posti di lavoro nel paese più arretrato ed una corrispondente aumento degli occupati in quello sviluppato.

Tale parte della teoria ricardiana ritengo sia fondamentale per comprendere pienamente la posizione di Ricardo sulle macchine. Abbiamo visto che nel XXXI capitolo erano stati indicati dei casi in cui l'introduzione delle macchine determina disoccupazione. Nonostante sia convinto che l'introduzione delle macchine «sia spesso assai dannosa agli interessi della classe dei lavoratori» (Ricardo, 1821a, p.295), l'economista inglese si era comunque mostrato favorevole alla loro diffusione. Contro coloro che proponevano l'introduzione del divieto di utilizzo delle macchine, Ricardo aveva scritto: «Se però dovreste respingere l'impiego delle macchine mentre tutti gli altri paesi lo incoraggiano, sareste obbligati ad esportare il vostro denaro per avere in cambio merci straniere, fino a quando non riduceste i prezzi naturali delle vostre merci al livello dei prezzi degli altri paesi» (Ricardo, 1821a, p.303).

La posizione, apparentemente paradossale, di Ricardo, che da un lato è consapevole dei danni arrecati alla classe lavoratrice dalle macchine e dall'altro è favorevole alla loro diffusione, trova una spiegazione proprio nel commercio estero. Già in quel periodo i prodotti di uno stato potevano raggiungere abbastanza agevolmente i mercati degli altri stati; in tale situazione era fondamentale non subire la concorrenza dei prodotti stranieri. Come più volte detto, una bilancia dei pagamenti negativa voleva dire, inevitabilmente, un peggioramento della condizione economica dello stato; i principi del commercio internazionale e la teoria quantitativa della moneta non lasciavano scampo.

La teoria ricardiana dei costi comparati è uno strumento indispensabile per spiegare gli effetti che provocano gli scambi commerciali all'interno di ciascuno stato. Applicando tale teoria ai nostri giorni e considerando l'ineluttabilità della globalizzazione[53], la variabile più importante per determinare il grado di benessere di una stato risulta essere lo sviluppo tecnologico. Tanto più uno stato riuscirà a svilupparsi tecnologicamente, tanto più riuscirà a acquisire vantaggi competitivi nei confronti degli altri. Alla luce di quanto detto finora, osservando la realtà, non risulta essere un caso che i paesi più arretrati tecnologicamente siano quelli con la disoccupazione maggiore. Al contrario, quelli che hanno introdotto la maggiore meccanizzazione nei loro processi produttivi riescono ad avere bassi livelli di disoccupazione.

---

53 Che la globalizzazione ormai sia diventato un fenomeno irreversibile mi pare sia fuori discussione. Con la facilità di trasporto delle merci e la diffusione del commercio online, ciascuno può acquistare qualsiasi cosa da qualsiasi parte del mondo; sarebbe ormai impossibile ritornare indietro e costringere la domanda interna a soddisfarsi con la sola offerta interna. Sono pochissimi gli stati che vivono in una notevole o totale restrizione degli scambi con l'estero. Pare quasi superfluo rilevare come nessuno di questi stati viva in una condizione di prosperità.

In conclusione, a mio avviso, si può affermare che le macchine creano disoccupazione, ma, grazie alla globalizzazione, questa disoccupazione viene trasferita nei paesi in cui tali macchine non ci sono: il progresso tecnologico (la scoperta di nuove macchine) provoca disoccupazione, la globalizzazione la trasferisce.

L'imposizione di dazi volti a limitare la circolazione delle merci straniere non può aiutare: innalzando il prezzo delle merci estere si può riuscire ad annullare il loro vantaggio competitivo ottenuto grazie al progresso tecnologico, ma, presto o tardi, ci sarà una nuova innovazione che obbligherà ad innalzarli ulteriormente; alla fine si arriverebbe ad avere dazi così alti da non poter più essere mantenuti[54]. La politica dei dazi può essere utile per proteggere uno specifico settore strategico dalla concorrenza internazionale, ma non può essere utilizzata per tutti i beni.

---

54 Più il dazio doganale è alto più diventa difficile applicarlo, perché il contrabbando, introducendo illegalmente i beni nel territorio nazionale, ne limita l'efficacia.

Va considerato, in oltre, che il progresso tecnologico introduce miglioramenti nel processo produttivo di ogni singolo bene. Se quindi si volessero usare i dazi come arma per difendere la nostra produzione nazionale dalla concorrenza degli altri stati si dovrebbero applicare dazi su ogni merce importata, questo porterebbe gli altri stati ad adottare misure speculari. L'innesco di un meccanismo di azione e reazione sui dazi porterebbe in breve tempo il nostro paese all'isolamento assoluto, al netto del contrabbando. Come la storia ci ha insegnato, senza essere stata mai smentita, nessuno stato riesce ad ottenere la prosperità in una fase di assoluto isolamento commerciale.

Parlando di globalizzazione, un accenno alla Cina è inevitabile. Si ritiene che il basso costo della manodopera sia il fattore che renda le merci cinesi così competitive. Ma questo non può essere il fattore determinante: in tanti altri posti nel mondo c'è manodopera a basso costo, anche più che in Cina (si pensi agli stati africani). Se i cinesi producessero i loro beni con tecnologie arretrare, non riuscirebbero ad esportare a prezzi concorrenzili. Se le loro merci conquistano i mercati è solo perchè sono prodotte con tecnologia e macchine moderne.

Lo stesso si può dire di certa produzione agricola nordafricana, che se fosse ancora realizzata con la vanga non riuscirebbe a conquistare i mercati internazionali.

Ho fatto questi esempi per chiarire che il fattore determinante per avere successo nei mercati internazionali è lo sviluppo tecnologico. Una tecnologia obsoleta non potrà cher far perdere quote di mercato, né una riduzione del costo del lavoro potrà ridare competitivita, se non nel breve periodo e con effetti limitati.

L'unica soluzione risulta essere un continuo processo di ricerca e sviluppo che garantisca la massima efficienza possibile nel processo produttivo, solo così si potrà essere esportatori di beni e servizi, e con essi anche "esportatori" di disoccupazione.

BIBLIOGRAFIA

ASHTON, T. S., (1924), *Iron and Steel in the Industrial Revolution*, Manchester, Manchester University Press.

ASHTON, T. S., (1948), *The industrial revolution*, London, Oxford University Press; trad. it. *La rivoluzione industriale 1760-1830*, Bari, Laterza, 1953.

ASHTON, T. S., (1949), *The Standard of Life of Workers in England 1790-1830*; in «Journal of Economic History», Supplemento IX.

BAINES, EDWARD, (1835), *History of the Cotton Manifacture in Great Britain*, Frank Cass & Co., London, 1966.

BAIROCH, PAUL, (1967), *Rivoluzione industriale e sottosviluppo*, Torino Einaudi.

BARONE, FRANCESCO, (1990), *La paura della macchina*; in RICOSSA, 1990, pp.23-50.

BARTON, JOHN, (1817), *Observation on the Cicumstances which Influences the Condition of the Labouring Classes of Society*, London, John Arthur and Arch.

BERG, MAXINE, (1980), *The Machinery Question and the Making of Political Ecomony 1815-1848*, Cambridge, Cambridge University Press; tr. it. *La questione del macchinismo e la nascita dell'economia politica*, Bologna, Il Mulino, 1983.

BERGIER,J.-F., (1971), *Borghesia industriale e classe operaia*, in CIPOLLA, 1980.

BOWLEY, A. L., (1900), *Wages in United Kingdom in the Nineteenth Century*, Cambridge 1900.

BRIGGS, ASA, (1959), *The Age of Improvement*, London, Longman; tr. it. *L'età del progresso: l'Inghilterra fra il 1783 e il 1867*, Bologna, Il Mulino, 1986.

BROWNLEE, JOHN, (1916), *The History of the Birth Rate in England and Wales*, in «Pubblic Health» vol. XIX, giugno-luglio.

Census of England and Wales for the year 1871; General report vol.IV, London, 1873.

DAVIS, J. B., (1989), *Distribution on Ricardo's Machinery Chapter*, in «History of Political Economy», Vol. 21 N.3, pp.457-80.

DEANE Ph e COLE W., (1962), *British Economic Growth 1688-1959: trends and structure*, Cambridge, Cambridge University Press.

DEANE, PHYLLIS, (1967), *The first industrial revolution*, London, Cambridge University Press; tr. it. *La prima rivoluzione industriale*, Bologna, Il Mulino, 1982.

DEFOE, DANIEL, (1727), *A tour through the whole Island of Great Britain.*

HOLLANDER, SAMUEL, (1971), *The Development of Ricardo's Position on Machinery*, in «History of Political Economy», Vol. 3 N. 1, pp.105-35.

HOLLANDER, SAMUEL, (1979), *The Economics of David Ricardo*, Toronto, University of Toronto Press.

LEKACHMAN, ROBERT, (1959), *A History of Economic Ideas*, New York, Haper & Row; tr. it. *Storia del pensiero economico*, Milano, Franco Angeli Editore, 1971.

LUNGHINI, GIORGIO, (1998), *Politiche eretiche per l'occupazione*, «Economia Politica», Vol.XV N1, pp.3-33.

MALTHUS, T. R., (1798[1], 1803[2], 1806[3], 1814[4], 1817[5], 1826[6]) *An Essay on the Principle of Population*, in WRIGLEY-SOUDEN, 1983, Voll.I-II.

MALTHUS, T. R., (1820), *Principles of Political Economy, considered with a View to their Pratical Applications*, First edition, London; in SRAFFA, ed., 1951-73, Vol. II; tr. it. *Opere di David Ricardo*, Vol. II, a cura di PORTA .P. L., Torino, Utet, 1987; ora anche in WRIGLEY-SOUDEN, 1983, Voll.V-VI.

MALTHUS, T. R., (1821a), Malthus to Sismondi, London, 12 March 1821, in SRAFFA, ed., 1951-73, Vol. VIII, pp.374-7.

MALTHUS, T. R., (1821b), Malthus to Ricardo, St Catherine's Bath, 16 July 1821, in SRAFFA, ed., 1951-73, Vol. IX, pp.18-22.

MALTHUS, T. R., (1836), *Principles of Political Economy, considered with a View to their Pratical Applications*, Second edition, London; tr. it. *Principi di economia politica considerati in vista della loro applicazione pratica*, a cura di BARUCCI, P., Milano, ISEDI, 1972.

MANTOUX, PAUL (1971), *La révolution industrielle au XVIII siècle*; tr. it. *La rivoluzione industriale*, Roma, Editori Riuniti, 1971.

McCULLOCH, J. R., (1821), McCulloch to Ricardo, Edinburgh, 5 June 1821, in SRAFFA, ed., 1951-73, Vol. VIII, pp.381-386.

McCULLOCH, J. R., (1839), *A Statistical Account of the British Empire*, London 1839.

McCULLOCH, J. R., (1844), *A Dictionary of Commerce and Commercial Navigation*; London, 1844.

PARRAVICINI, GIANNINO, (1999), *Tecnologia, economia e disocupazione: trasformazione della società*, «Economia Politica», Vol.XVI N.1, pp.3-9.

PASINETTI, L. L., (1960), *A Mathematical Formulation of the Ricardian System*, «Review of Economic Studies», Vol.27 N.73, pp.78-98.

PINI, PAOLO, (1991), *Progresso tecnico e occupazione. Analisi economica degli effetti di compensazione agli inizi dell'Ottocento*, Bologna, Il Mulino.

PINI, PAOLO, (1992), *Cambiamento tecnologico e occupazione*, Bologna, Il Mulino.

RICARDO, DAVID, (1815), *An Essay on the Influence of the Low Price of Corn on the Profit of Stock*, in SRAFFA, ed., 1951-73, Vol. II.

RICARDO, DAVID, (1819), *Sir Crespigny's Motion Respecting Mr. Owen's Plan*, in SRAFFA, ed., 1951-73, Vol. V, pp.30-35.

RICARDO, DAVID, (1820a), *Notes on Malthus*, in SRAFFA, ed., 1951-73, Vol. II; tr. it. *Opere di David Ricardo*, Vol. II, a cura di PORTA, P. L., Torino, Utet, 1987.

RICARDO, DAVID, (1820b), Ricardo to Malthus, London, 19 November 1820, in SRAFFA, ed., 1951-73, Vol. VIII, pp.309-13.

RICARDO, DAVID, (1821a), *On the Principles of Political Economy And Taxation*, third edition, London, ora in SRAFFA, ed., 1951-73, Vol. I; tr. it. *Sui principi di economia politica e della tassazione*, Milano, Mondadori, 1979.

RICARDO, DAVID, (1821b), Ricardo to McCulloch, London, 25 Jennuary 1821, in SRAFFA, ed., 1951-73, Vol. VIII, pp.342-5.

RICARDO, DAVID, (1821c), Ricardo to McCulloch, London, 18 June 1821, in SRAFFA, ed., 1951-73, Vol. VIII, pp.386-91.

RICARDO, DAVID, (1821d), Ricardo to Malthus, Gatcomb Park, 21 July 1821, in SRAFFA, ed., 1951-73, Vol. IX, pp.23-7.

RICARDO, DAVID, (1823), discorso parlamentare del 30 May 1823, in SRAFFA, ed., 1951-73, Vol. V, pp.302-3.

SALE, KIRKPATRICK, (1999), *Le Vittorie del Generale Ludd*, «Surplus» N.5/2000, pp.29-36.

SAMUELSON, PAUL, (1988), *Mathematical Vindication of Ricardo on Machinery*, «Journal of Political Economy», Vol.96 N.2, pp.275-82.

SRAFFA, PIERO, (1986), *Saggi*, Bologna, Il Mulino.

SRAFFA, PIERO, (ed., 1951-73), *The Works and Corrispondence of David Ricardo,* 9 Voll., Cambridge, Cambridge University Press.

www.ingramcontent.com/pod-product-compliance
Lightning Source LLC
Chambersburg PA
CBHW072227170526
45158CB00002BA/789